Más que vencedores

El poder de la Sangre, la Cruz y el Nombre de Jesús

Edward Thibault

La Palabra Entre Nosotros
9639 Doctor Perry Road
Ijamsville, Maryland 21754
ISBN: 0-932085-36-9

© 1999 por *The Word Among Us Press*
Todos los derechos reservados.

Diseño de la cubierta por David Crosson
Traducido del inglés por Luis E. Quezada.

Las citas bíblicas son de la Versión Popular (Dios habla hoy),
usada con el permiso correspondiente.
© 1983 Sociedades Bíblicas Unidas.

Prohibida la reproducción total o parcial de esta obra, así como
su almacenamiento en cualquier sistema de recuperación de datos
en cualquier forma o su transmisión por cualquier medio
-electrónico, mecánico, fotocopiado, grabación u otro-
sin autorización previa de la casa editora,
salvo que puede citarse brevemente
en reseñas impresas.

Hecho e impreso en los Estados Unidos de América.

Índice

Introducción
4

La Sangre de la Alianza
He aquí el hombre
7

La victoria de la Cruz
La clave para recibir la misericordia de Dios
21

La autoridad del Nombre
31

Cristo vive en mí
42

La Sangre
46

La Cruz
47

El Nombre
48

Introducción

Imagínese que hubiera una competencia de natación en la cual la meta es cruzar el Océano Atlántico a nado. Uno de los nadadores es un atleta olímpico, bien entrenado y en perfectas condiciones físicas. El otro tiene varios kilos de más y hace años que no va ni a la piscina. Considerando a ambos competidores, uno pensaría, naturalmente, que el nadador olímpico avanzaría mucho más y más rápido, pero en realidad nadie pensaría que alguno de ellos fuera a completar ni siquiera la primera parte de la carrera. En realidad, pensando en el tamaño y la fuerza del océano, ¡habría que rescatarlos a los dos antes que se ahogaran!

Esta es una situación comparable a nuestra travesía de fe. Algunos creyentes tienen mayor facilidad para orar que otros; unos tienen una voluntad más firme o una actitud más apacible; otros posiblemente se sienten incapaces de resistir la tentación y tienden a frustrarse con mayor facilidad. Pero el resultado es como el de los dos nadadores: por sus propias fuerzas ninguno de estos creyentes puede vivir la vida cristiana en forma victoriosa, por mucho que se esfuerce. Esta es la razón por la cual Jesús vino a morir y resucitar: Para vencer la muerte. En Él, todos nuestros pecados y culpas quedan lavados y experimentamos el maravilloso amor de Dios; podemos recibir el poder del Espíritu Santo que nos ayuda a salir de situaciones que antes habríamos considerado aplastantes. Jesús mismo lo dijo a sus discípulos: "Para Dios . . . no hay nada imposible" (Marcos 10,27).

En esta obra, *Más que vencedores*, consideramos tres verdades esenciales que fluyen de la muerte y la

Los que No Andamos por los Caminos de la Carne sino por los del Espíritu

resurrección de Cristo: el poder de su sangre, de su cruz y de su nombre. Dios nos ha concedido estos dones para que seamos capaces de "correr la carrera" y llegar a la meta. A medida que nos vamos apropiando de todo lo que tenemos a nuestra disposición en estos regalos maravillosos, podemos exclamar como San Pablo: "Estoy convencido de que nada podrá separarnos del amor de Dios: ni la muerte, ni la vida, ni los ángeles, ni los poderes y fuerzas espirituales, ni lo presente, ni lo futuro, ni lo alto, ni lo profundo, ni ninguna otra de las cosas creadas por Dios. ¡Nada podrá separarnos del amor que Dios nos ha mostrado en Cristo Jesús nuestro Señor!" (Romanos 8,38-39).

Que el Señor continúe prodigando su gracia abundante sobre todos nosotros mientras nos empeñamos por conseguir, en oración, las riquezas del conocimiento de Cristo Jesús (Colosenses 2,2). Firmes en la Fe

San Pablo dijo: Pido que Tengan Animo, que se Afiancen en el Amor y que Tengan plenamente desarrollados los dones de Entendimiento. Para que puedan Penetrar en el gran Secreto de Dios,

Siempre dan de Gracias

La Sangre de la Alianza
He aquí el hombre

El día en que Jesús fue crucificado, lo más probable es que sólo unas pocas personas hayan logrado entender —siquiera vagamente— algo de lo que estaba sucediendo. Pensamos en el centurión que tuvo fe (Marcos 15,39) y en el "buen ladrón" que se arrepintió (Lucas 23,42-43); nos acordamos de la Virgen María, que desde el principio había sabido que su hijo traería la salvación al mundo (Mateo 1,20-21), y del discípulo amado que estuvo allí para recibirla como madre (Juan 19,26-27). Con todo, la mayoría de los que pasaron frente al Monte Calvario sólo vieron a tres hombres crucificados que supuestamente recibían allí el castigo merecido por sus delitos.

Dos mil años después, nosotros también vemos a Cristo en la cruz —en la iglesia y en casa— y caemos en cuenta de que se nos invita a mirarlo con la misma fe que inspiró a María, a Juan, al centurión y al ladrón arrepentido. Con ojos de fe, vemos el corazón del Padre que entregó a su Hijo único por nuestra salvación; vemos la sangre que brota del costado de Jesús para limpiarnos de toda culpa y reconciliarnos con Dios. Allí, contemplando al Señor crucificado, y doliéndonos por sus sufrimientos, nos llenamos de gozo por la salvación que Él nos ha merecido.

En este libro reflexionaremos sobre tres dones poderosos que Dios nos ha concedido: la Sangre, la Cruz y el Nombre de Jesús. Estos regalos nos permiten librarnos del pecado, participar de la victoria de Cristo y ejercer autoridad sobre todo lo que pretenda menoscabar la confianza que tenemos en lo que Dios nos ha otorgado. A medida que vamos entendiendo más claramente todo lo que estos dones ponen a nuestro alcance, mayor es el grado en el cual podemos experimentar el amor del Padre y la presencia del Espíritu en nuestra vida.

La sangre del Cordero. Desde el principio mismo del pueblo escogido de Dios, los hijos de Israel demostraron gran respeto y reverencia por la sangre de todo ser vivo. En la cultura hebrea, la sangre era no sólo esencial para la vida, sino la fuerza misma que comunicaba la vida al ser. Los israelitas entendían que su propia existencia como pueblo dependía del ofrecimiento de un sacrificio de sangre. La historia de su huida de la esclavitud en Egipto —cuyo relato repetía cada familia año tras año en la fiesta de la Pascua— no estaba completa si no se narraba el episodio de la sangre del cordero, con la que cada uno había untado el marco de la puerta de su casa para protegerse del ángel exterminador (Éxodo 12,21-27).

Tras escapar de la esclavitud en Egipto, los israelitas llegaron al Monte Sinaí y allí el Señor les propuso un pacto para que ellos fueran el pueblo de su propiedad y Él fuera su Dios, su protector, su proveedor y su fuente de vida. Habiendo aceptado el pueblo, Moisés selló esta alianza en una solemne ceremonia derramando sangre de toros (Éxodo 24,3-8). De esa manera quedó establecido un vínculo vivo entre Dios y su pueblo.

Tan firme era esta convicción de los israelitas de que "todo ser vive por la sangre que está en él" (Levítico 17,11) que la sangre fue adquiriendo una importancia vital en el culto de adoración a Dios, especialmente en los sacrificios que ofrecían para obtener el perdón de sus pecados. En efecto, cuando la sangre y vida del animal sacrificado se ofrecían en nombre de una persona que había cometido pecado, la falta y la culpa del pecador quedaban lavados por la sangre y la persona podía reintegrarse plenamente a la comunidad (Levítico 4,27-35). El punto culminante de este sistema de sacrificios era el Día del Perdón, celebrado una vez al año, en el cual el sumo sacerdote entraba al Lugar Santísimo del templo para ofrecer la sangre del sacrificio, primero por sus propios pecados y luego por los de todo el pueblo. Esta ofrenda era capaz de quitar la culpa de los pecados cometidos.

La profecía y su cumplimiento. La cruz de Cristo nos permite entender ahora que los ofrecimientos de sangre que hacían los israelitas no era otra cosa que un preludio de la Nueva Alianza que Cristo sellaría con su propia sangre. En la Última Cena, el Señor les dio a sus discípulos a beber del cáliz diciéndoles: "Esta es mi sangre, con la que se confirma el pacto, la cual es derramada en favor de muchos para perdón de sus pecados" (Mateo 26,28). En la primera carta de San Pedro también se nos dice que hemos sido salvados "con la sangre preciosa de Cristo, que fue ofrecido en sacrificio como un cordero sin defecto ni mancha" (1 Pedro 1,18-19). La epístola a los Hebreos contiene la enseñanza probablemente más clara sobre la sangre de la Nueva Alianza que Jesús derramó para limpiar nuestra conciencia del peso de la culpa (Hebreos 9,11-28).

Los cristianos creemos que Jesús ofreció su sangre para librarnos del pecado y reconciliarnos con el Padre. El pecado significa distanciamiento de Dios, de modo que, por haber heredado el pecado de Adán, todos estábamos separados del Creador y no había nada que pudiéramos hacer para restituir esa comunión personal y directa. Jamás hubo obra buena ni promesa alguna de conducta recta que fuera capaz de borrar el pecado y eliminar la culpa. Esta es la razón por la cual Jesús derramó su sangre: para reconciliarnos con el Padre y librarnos del poder del pecado y de la opresión de la culpa.

En las aguas del bautismo, fuimos sumergidos en el poder salvífico de la muerte y la resurrección de Jesús. Luego, habiendo sido ya justificados por el bautismo, tenemos a nuestro alcance la poderosa sangre de Cristo que cada día podemos invocar para limpiarnos la conciencia, unirnos más estrechamente a Dios y rechazar los engaños del maligno. La carta a los Hebreos nos enseña que por medio de la sangre de Jesús podemos acercarnos a Dios con confianza, sabiendo que nos escuchará y nos acogerá en su amor (Hebreos 10,19-22).

Pero la sangre de Cristo no se limita nada más que a limpiar los pecados del pasado. Precisamente por el hecho de que "todo ser vive por la sangre que está en él", la sangre del Señor tiene poder para comunicarnos la vida divina y restaurar en nosotros la salud física y emocional. Por lo general, cuando Jesús curaba a alguien, la sanación iba ligada al perdón de sus pecados (Mateo 9,1-8; Marcos 10,46-52). Los contemporáneos de Jesús se preguntaban: "¿Cómo se atreve éste a perdonar pecados?" Hoy la gente dice: "¿Puede alguien realmente esperar que Jesús lo cure? ¿No es esto poner a Dios a prueba?"

Estas dos actitudes denotan un entendimiento puramente humano de la acción de Dios. No es que el Señor se limite a reaccionar ante nuestras necesidades o actos, como si tuviera que descubrir qué es lo que queremos pedirle. No es así. El Señor nos creó porque su amor es perfecto y precisamente por amarnos tanto, Jesús derramó su sangre por nosotros y diariamente nos comunica su vida divina. Esto es a veces difícil de aceptar: el creer que Dios quiera sanarnos y librarnos del mal únicamente porque nos ama. Pero lo cierto es que el Señor derramó su sangre no sólo para purificarnos y

librarnos del pecado, sino para volver a unirnos a Dios en una comunión personal y directa, de modo que, llenos de su amor, podamos amarnos y servirnos los unos a los otros libre y alegremente.

Como sucede con cualquier otro aspecto del Evangelio, el Espíritu Santo es quien se encarga de ampliar el entendimiento y la vivencia que tenemos de la sangre de Cristo y de su acción en nuestra vida con Dios. En efecto, así como los humanos éramos incapaces de conseguir el perdón de nuestros propios pecados, ahora tampoco podemos librarnos más, por medios humanos, del poder del pecado. En realidad, nuestra misión más importante en la vida es creer, vale decir, recibir con fe y confianza el don de la vida nueva que Dios ya nos ha otorgado. Este es un punto que se puede ilustrar recurriendo a casos de la vida real, como el que citamos a continuación.

Debe haber algo más. Por fin Miguel se jubilaba de su trabajo en el gobierno. Con más de sesenta años de edad y cinco hijos, siempre se había jactado de no haber estado enfermo ni un solo día en toda su vida... hasta hace tres años, cuando empezó a experimentar una serie de problemas de salud que terminaron por enviarlo al hospital en varias ocasiones. En cada caso, los síntomas desaparecían antes de que los médicos pudieran diagnosticar el problema. Miguel atribuía estos "milagritos" a las oraciones de sus muchos amigos, pero sabía en su interior que seguía teniendo una condición médica sin resolver.

Miguel y Nancy, su esposa, reflexionaban sobre la forma en que reaccionaban cuando se producía alguno de estos incidentes, que no dejaban de asustarlos, y empezaron a darse cuenta de que algo faltaba en su vida de fe. Oraban a Dios pidiéndole la sanación, y le daban gracias cuando él salía del hospital, pero en su fuero interno sentían que les faltaba hacer algo más. Miguel se dio cuenta de que pedirle a Dios que le permitiera salir pronto del hospital era como rogarle que le perdonara sus pecados del pasado, pero sin llegar a buscar una relación más directa e íntima con su Padre. Es decir, estaba más interesado en lo que Dios pudiera hacer por él que en la posibilidad de conocer profunda y personalmente el amor del Padre.

Al mismo tiempo, Miguel empezó a reconocer que cada vez que recibía el cáliz en Misa, le daba gracias a Jesús por haber muerto por él, pero sin saber que esta sangre preciosa tenía poder para comunicarle vida divina. Así, la sangre de Cristo quedaba reducida a poco más que un mero ejercicio intelectual incapaz de resistir la fría lógica de la ciencia médica.

A la semana de haber llegado a esta conclusión, Miguel tuvo que volver al hospital y esta vez los médicos le detectaron tumores cancerosos en el hígado. El tratamiento consistió en inyecciones diarias que Nancy fielmente le administraba. ¡Había llegado la hora de poner a prueba las verdades en las que Miguel había estado pensando acerca de la sangre de Cristo!

La poderosa acción de la Sangre en nuestra propia vida. Nancy y Miguel empezaron a orar regularmente con algunos amigos de la parroquia, pidiéndole a Dios que le ayudara a él a disponer mejor el corazón para aceptar y recibir las promesas contenidas en la Biblia acerca de la sangre de Jesús. Habiendo persistido en la oración, Miguel se dio cuenta de que se estaban produciendo ciertos cambios notables en su interior. Primero, vio que cuando rezaba, la paz y la confianza iban reemplazando la angustia que antes sentía acerca de su futuro; el amor de Dios se transformó en una realidad concreta para él y comenzó a confiar que su Padre celestial lo cuidaba y que nunca lo abandonaría. Cuando pensaba en la muerte, ya no perdía la paz, porque ahora morir no significaba otra cosa que aproximarse más hacia Aquel cuyo amor inmenso e irresistible estaba experimentando.

Cuando le preguntaban si creía que Dios lo sanaría, Miguel respondía que el Señor ya lo había sanado; que si su condición empeoraba, el Padre lo seguía amando tanto como antes; que si el cáncer desaparecía milagrosamente, el Señor continuaba amándolo. No había nada, ni la muerte ni la vida, que pudiera alterar el amor que recibía de Dios porque Jesús había ofrecido su propia sangre, fuente de vida, por él —y por todos— y no había nada más grande ni poderoso que el amor que había motivado semejante sacrificio. Miguel empezó a reconocer que estaba sin duda experimentando la veracidad de las palabras de Jesús: "Tus pecados te son perdonados. Levántate y camina."

El poder de la sangre de Jesús había dejado de ser nada más que un tema doctrinal en el debate de los teólogos. Miguel estaba experimentando personalmente ese poder en su propia vida y reconocía que la curación física era un efecto secundario de su sanación espiritual. Al reconocer el amor de su Padre se llenaba de gozo y así podía adorar a Dios de un modo totalmente nuevo. Las palabras de las diversas Plegarias Eucarísticas adoptaron un nuevo significado para él y su esposa, porque ambos llegaron a entender más claramente la grandeza de lo que tenían a su alcance: la "Sangre de la alianza nueva y eterna" y "el cáliz de eterna salvación". Otras personas se daban cuenta de que Miguel y Nancy habían cambiado y no entendían cómo podían estar tan alegres siendo que él tenía una enfermedad tan terrible.

❦ En efecto, el poder que tiene la sangre de Jesús para eliminar el pecado y renovar nuestra vida no es algo que se limite a una teoría doctrinal. Todos los que fueron perdonados y curados por Cristo sabían que por sí mismos eran incapaces de lograr semejantes resultados. Sólo Jesús, entregándose por amor, podía perdonarlos y curarlos. Lo único que tenían que hacer era recibir el amor del Señor y permitir que esa fuerza divina les comunicara una vida nueva.

Hay quienes preguntan: "Si Jesús estuviera aquí hoy, ¿qué haría?" Pero la verdad es que Jesús está aquí y quiere darnos a conocer su amor inquebrantable y el infinito poder liberador de su sangre preciosa. El Señor desea actuar profundamente en todos los que quieran aceptarlo, no sólo para hacernos sentir mejor o aliviar nuestros dolores físicos, sino para comenzar a experimentar desde ahora mismo la vida nueva que Él consiguió para nosotros, una vida de adoración, paz,

gozo y amor. Esto es lo que nos espera para toda la eternidad. ¡La garantía la tenemos en la sangre de Cristo, el Cordero de Dios que quita el pecado del mundo!

La victoria de la Cruz
La clave para recibir la misericordia de Dios

Cuando hablamos de la cruz de Cristo, por lo general nos referimos a los pedazos de madera que constituyeron el instrumento por el que se le dio muerte a Jesús. Pero si escudriñamos las Escrituras y leemos los escritos de los Padres de la Iglesia, empezamos a ver que hay un concepto mucho más amplio, un horizonte que incluye todo el drama de nuestra salvación: la Encarnación de Jesús, su Muerte y Resurrección, y su Ascensión al cielo. En su esencia misma, la cruz de Cristo es el testimonio del amor que Dios derramó para salvar al género humano y que tiene poder para transformar la vida del creyente. Este es el mensaje que ahora deseamos presentar en esta obra.

Con demasiada frecuencia se tiende a considerar la cruz sólo desde el punto de vista de la pasión y la muerte de Jesús; se piensa en la injusticia que representó su ejecución

o tal vez nos lamentamos de las diversas "cruces" que nos toca llevar en la vida. Hay quienes incluso piensan que Dios es un amo cruel que exigió la muerte de su propio Hijo; un juez frío y desalmado que sólo busca imponer justicia y castigo.

Pero cuando consideramos la cruz ante la maravilla de la resurrección y entendemos que Dios desea congregar a toda la humanidad a su lado, comenzamos a darnos cuenta de que la razón por la cual Jesús ofreció su vida para salvarnos fue el inmenso amor que Dios tiene por el ser humano. Cuando reconocemos esta realidad, se despierta en nosotros, como le sucedió a San Pablo, un aprecio especial por la cruz como "el poder y la sabiduría de Dios" (1 Corintios 1,24). La cruz es la evidencia del triunfo de Cristo sobre el pecado y la muerte, y de la derrota de los poderes de la oscuridad, tanto en el mundo como en el corazón humano. Esto nos lleva a preguntarnos: ¿Cómo es que un instrumento de tortura y muerte sea causa de gozo para los creyentes, incluso al punto de "gloriarse" en él (Gálatas 6,14)?

Así También Vds. deben considerarse a sí mismos Muertos para el pecado y vivos para Dios en Cristo Jesús
Romanos 6:11

La cruz, instrumento de muerte. A los cristianos se nos enseña que nuestro "hombre viejo" ha sido crucificado con Cristo en el bautismo (Romanos 6,3). En efecto, en este sacramento nos unimos total y completamente con la muerte y la resurrección de Jesús, de manera que efectivamente morimos al pecado y resucitamos con Cristo para iniciar una vida nueva, libre del poder del pecado (6,4-6). El sacrificio de Jesús dio muerte al pecado mismo; y su resurrección abrió las compuertas del cielo para que sobre la humanidad se derramara una vida nueva de amor y libertad. Así como Jesús vertió su sangre para conseguirnos el perdón de los pecados, también ofreció su vida en la cruz para librarnos del poder del pecado. En otras palabras, el poder de la sangre actúa sobre nuestros pecados, pero el poder de la cruz actúa sobre nosotros mismos. ¡Hemos sido crucificados con Cristo!

Esta esplendorosa verdad, que la Iglesia ha preservado fielmente durante sus 2.000 años de historia, es uno de los tesoros más importantes del cristianismo. No obstante, en la vida cotidiana, todos podemos reconocer que la antigua naturaleza todavía nos arrastra y nos tienta a pecar. ¿Cómo se reconcilian estas dos realidades aparentemente contradictorias? ¿Es que el cristianismo no es otra cosa que la reunión de muchos hipócritas o es que hay algo más que no se ve a primera vista?

Lo cierto es que ni el poder de la sangre ni el poder de la cruz son fórmulas mágicas que se puedan utilizar cuando se nos ocurra. En realidad, la experiencia que uno tiene de la sangre y la cruz de Cristo es cuestión de fe. Creemos que esta es una verdad porque Dios así la ha revelado a la Iglesia por medio de la muerte y la resurrección de su Hijo. La creemos porque los apóstoles Pedro, Pablo, Santiago y Juan, e innumerables santos a través de la historia, fueron testigos directos de este poder, y hoy nosotros vemos la manifestación de los frutos de esa verdad en las palabras y obras de ellos. Teniendo en cuenta que la redención es un don gratuito que emana del amor ilimitado e incondicional de Dios, su poder está al alcance de todo el que desee recibirlo. El poder de la cruz de Cristo no está reservado para unos pocos "superestrellas" espirituales, porque el Señor desea que todo ser humano conozca personalmente su poder en la vida diaria. Cristo ya cumplió su obra para nosotros; ahora, por fe, podemos recibir sus beneficios mientras oramos y meditamos en su amor y tratamos de obedecer sus mandatos.

El desafío de la fe. Volvamos nuevamente al caso de Miguel y Nancy, para ver cómo se les aplica a ellos el poder de la cruz del Señor. Una cosa fue experimentar el lavamiento espiritual con la sangre y la sanación interior cuando trataban de hacer frente a las complejidades del cáncer de Miguel. Pero también hubo ocasiones de callada desolación, cuando el dolor o la angustia volvían a hacer presa de ellos, ocasiones en las que se sentían agobiados por la terrible sensación de encontrarse solos en el mundo.

Una semana después de la operación, Miguel descubrió que se habían producido dolorosos conflictos entre sus familiares. A raíz de esto, cuando más lo necesitaba, ya no pudo recurrir a su hermano mayor —que siempre había tenido buenas respuestas para todo— para que lo reanimara y le diera su apoyo. Sólo podía recurrir al Señor.

Tratando de entender las causas de la división y los conflictos surgidos en su familia, Miguel reconoció que el antiguo hábito de juzgar y condenar a los demás volvía a dominar sus pensamientos. Por su parte, Nancy se dio cuenta de que a veces se dejaba llevar por el miedo y que deseaba alguna forma de retribución. Los dos vieron que estas tendencias eran profundas y que, si no hacían algo al respecto, podían derrumbar lo que Dios había estado construyendo en sus vidas. Aquí es donde se necesitaba el poder de la cruz: para dar muerte a estas antiguas tendencias, de manera que, al igual que San Pablo, Miguel y Nancy fueran crucificados para el mundo y el mundo para ellos (Gálatas 6,14).

Una obra acabada. En el pasado, lo que Miguel habría hecho, cuando se daba cuenta de que la ansiedad o la irritación le invadían la mente, era apretar los dientes y hacer lo posible por "morir a sí mismo". Pero ahora, en Misa, empezó a entender algunas de las oraciones bajo una nueva luz. En los Prefacios, Miguel escuchó que el sacerdote decía, "Cristo, Señor nuestro, quien por su misterio pascual, realizó la obra maravillosa de llamarnos del pecado y de la muerte al honor de ser estirpe elegida, sacerdocio real…", "Sufriendo la cruz, nos libró de eterna muerte, y resucitando nos dio vida eterna…" Muchas otras oraciones, e incluso todo el propósito de la Misa, abrieron ante sus ojos un nuevo horizonte.

Al escuchar en la Plegaria Eucarística que "Él, en cumplimiento de tu voluntad, para destruir la muerte y manifestar la resurrección, extendió sus brazos en la cruz…" entendió que la "muerte" no se refería solamente al plano físico, sino también al aislamiento en que el ser humano había caído con respecto a Dios y al prójimo como consecuencia del pecado. Ahora veía que Cristo, con su propia muerte en la cruz, puso fin incluso a esa muerte, de tal forma que la "vida" venía a ser una posibilidad real para él.

El Espíritu le fue mostrando que sus esfuerzos por mantenerse fiel a Dios habían producido resultados maravillosos, pero que había algo nuevo que le esperaba. Dios ya le había concedido muchas bendiciones por medio de la cruz, pero muchas veces sentía que la lucha contra el pecado dependía de sus propias fuerzas, que estaba solo para librar su propia batalla. Ahora, viéndose frente al cáncer —condición que naturalmente escapaba a su control— Miguel vio que había llegado la hora de dejar que el Señor actuara. Era hora de recibir la acción de Dios, tal como libremente recibía el Cuerpo y la Sangre de Cristo en la Sagrada Eucaristía.

La doctrina y la vida real se unen. Con el tiempo, Miguel llegó a reconocer que había una estrecha relación entre la doctrina y lo que él experimentaba. Cuando joven, había estudiado 10 años en el seminario, hasta que sintió que el Señor lo llamaba a una vida distinta. En ese tiempo aprendió bastante doctrina, que le había servido como guía en su vida posterior. Ahora se daba cuenta de que las verdades que entonces había aprendido eran hechos concretos e inamovibles, que constituían un ancla para su vida y que incluso eran fuente de consolación. Pero la doctrina no le había cambiado la vida; en realidad, jamás había experimentado el efecto real de la doctrina.

Ahora, habiendo conocido cada vez más, por experiencia propia, el amor del Padre, la salvación en Cristo y el poder del Espíritu Santo, Miguel comenzó a entender que todos estos puntos doctrinales tenían su justo lugar en el plan del Padre. Las verdades cobraron vida para él y la Escritura adquirió un significado nuevo y poderoso. Todo esto empezó a suceder a medida que Miguel fue simplemente abriendo el corazón para recibir el amor de Dios y para que la cruz lo librara de la angustia que sentía al pensar en su futuro y del resentimiento contra sus familiares.

Dios utilizó las pruebas físicas y espirituales que tuvo que pasar Miguel para enseñarle a reconocer su necesidad de experimentar y aplicar el poder de la cruz en su vida. Sabía que la sangre de Jesús le había lavado sus pecados,

pero se daba cuenta de que seguía aferrado a sus propias convicciones, y que era orgulloso o vengativo cuando las circunstancias eran difíciles. La sangre había actuado para quitarle el pecado y ahora la cruz estaba comenzando a transformar su persona.

Libres de la esclavitud del pecado. Jesús dijo, "Les aseguro que todos los que pecan son esclavos del pecado. Un esclavo no pertenece para siempre a la familia; pero un hijo sí pertenece para siempre a la familia. Así que, si el Hijo los hace libres, ustedes serán verdaderamente libres" (Juan 8,34-36). El precio de esta libertad fue enorme, pero Jesús lo pagó por nosotros. Ahora, por el bautismo en la muerte de Cristo, los fieles somos librados de la esclavitud del pecado. Gracias al poder de la cruz —que podemos ejercitar diariamente con fe— llegamos a conocer cada vez más claramente la dignidad y el gozo de ser los hijos e hijas que Dios ama con ternura.

La autoridad del Nombre

La vida cristiana no se limita al hecho de experimentar el poder de la sangre de Jesús, que nos limpia del pecado, ni el poder de su cruz, que da muerte a los hábitos de pecado que todos tenemos. La vida cristiana lleva consigo también la seguridad de que Cristo permanece en nosotros, los cristianos, para vencer los obstáculos que en muchas ocasiones nos impiden recibir la paz y el amor de Dios. En el nombre de Jesús podemos ejercer autoridad sobre las fuerzas que se debaten en nuestra vida y que tratan de privarnos de la libertad y la dignidad que hemos recibido. En efecto, lo mismo que sucede con la cruz y la sangre de Jesús, también sucede con el nombre del Señor. Es obra de Dios, no nuestra. Jesús dijo a sus discípulos, "Dios me ha dado toda autoridad en el cielo y en la tierra" (Mateo 28,18), de manera que, por su autoridad, todos

los creyentes podemos ser victoriosos.

Es posible que uno se sienta tentado a pensar que la búsqueda del poder de Dios en la sangre de Jesús, en su cruz y en su nombre son todas enseñanzas doctrinales que dependen principalmente del ejercicio del intelecto, y efectivamente existe este peligro si pensamos que somos nosotros los que hemos de entender a Dios. En realidad, es muy importante darse cuenta de que todas estas fuentes de poder divino son revelaciones que Dios ha dado a su Iglesia nada más que por su gran misericordia, revelaciones que se encuentran en la Escritura y en la tradición cristiana. También es importante analizarnos nosotros mismos para discernir cómo pueden actuar en nuestro ser estas fuentes de energía celestial para hacernos crecer y madurar en el Señor.

¿Qué implica el nombre? Para los antiguos, el nombre no era solamente una palabra de identificación, sino una revelación del carácter de la persona y de su papel en la sociedad. El nombre definía y daba a conocer la vocación particular del individuo y la esencia misma de su persona. Cuando se pronunciaba el nombre de alguien, se consideraba que tanto el carácter como la autoridad de esa persona se hacían presentes. En tal sentido, el nombre era semejante a un apoderado que actúa en representación de su mandante y con su autoridad, o a un embajador que habla y firma como si lo hiciera el gobernante de su país.

En hebreo, el nombre "Jesús" (Yeshua) significa "Yavé salva". Tras explicarle cómo era que María había quedado encinta, el ángel le dijo a José: "Le pondrás por nombre Jesús. Se llamará así porque salvará a su pueblo de sus pecados" (Mateo 1,21). Era una revelación de la misión salvífica de nuestro Señor; una garantía de Dios de que la salvación tan largamente esperada estaba a punto de aparecer. Dios iba a salvar a su pueblo de sus pecados.

En su carta a los filipenses, San Pablo cita un himno cristiano primitivo en el que se exalta el poder del nombre de Jesús. Este himno menciona la humildad y el amor de Jesús, que lo movieron a despojarse de todo y a ir, por obediencia, "a la muerte, a la vergonzosa muerte en la cruz" (Filipenses 2,8). El texto continúa explicando que Jesús, por el hecho de haber entregado su vida para cumplir el plan de Dios para la salvación del género humano, el Padre lo exaltó y "le dio el más alto honor, y el más excelente de todos los nombres, para que al nombre de Jesús, doblen la rodilla todos los que están en los cielos, y en la tierra, y debajo de la tierra, y todos reconozcan que Jesucristo es el Señor, para honra de Dios Padre" (2,9-11). Así queda demostrado que el nombre de Jesús tiene poder y autoridad, porque Jesús mismo fue quien recibió todo poder y toda autoridad.

Cuando invocamos el nombre de Jesús con fe, nos unimos a Él y reconocemos su autoridad sobre todo lo que existe. Nos acogemos a su autoridad y su protección, y le pedimos que esté presente para nosotros y nos salve. La Escritura nos promete que "Todos los que invoquen el nombre del Señor, alcanzarán la salvación"

(Romanos 10,13; Joel 2,32). Jesús triunfó sobre el pecado y la muerte en beneficio nuestro y, por eso, ahora tenemos el derecho de invocarlo y experimentar su autoridad sobre las partes de nuestra vida que todavía están dominadas por el mal genio, el miedo, la soledad y la confusión. En su nombre, todos los creyentes somos partícipes de su victoria en la cruz.

El Nombre de Jesús, causa de nuestra alegría. En la última cena, Jesús dijo a sus discípulos, "Todo lo que pidan en mi nombre, yo lo haré, para que por el Hijo se muestre la gloria del Padre" (Juan 14,13). Les prometió, además, que la invocación de su nombre sería para ellos motivo de gran alegría: "Les aseguro que el Padre les dará todo lo que le pidan en mi nombre. Hasta ahora ustedes no han pedido nada en mi nombre; pidan y recibirán, para que su alegría sea completa" (1,23-24).

Los primeros cristianos experimentaron la autoridad y el poder del nombre de Jesús en un sentido muy real y, tal como el Señor les había dicho, su alegría

fue más grande que antes: En el nombre de Jesús, los enfermos sanaban (Hechos 3,6-8; Santiago 5,14-15); los demonios eran expulsados (Lucas 10,17; Hechos 16,16-18), y los creyentes se congregaban en comunión fraterna en el nombre de Jesús (1 Corintios 1,10).

Hoy, al igual que en la iglesia primitiva, cuando invocamos el nombre de Jesús, le presentamos todas nuestras necesidades y preocupaciones y nos ponemos bajo su tierna protección, y así llegamos a experimentar el gozo y la libertad del Espíritu. En definitiva, nuestra alegría será completa sólo cuando estemos en la presencia de Dios para toda la eternidad, adorándolo cara a cara y regocijándonos en su amor; pero aquí, en este mundo, Él nos ha dado su nombre —es decir, su presencia inefable y su generosa herencia— como preludio de las maravillas que aguardan a los que confían en que el Nombre de Jesús tiene poder para protegerlos y librarlos de todo mal.

La victoria del Nombre. Miguel y Nancy (el matrimonio cuyo testimonio hemos estado compartiendo) aprendieron a experimentar una nueva dimensión del nombre de Jesús a medida que buscaron la sabiduría de Dios para saber qué hacer frente al cáncer de él. Esta experiencia del poder de la sangre y la cruz de Cristo hizo nacer en ellos un sentido de gratitud que sólo pudieron expresar en una adoración más profunda y sincera. Junto con este entendimiento cada vez mayor del poder del nombre de Jesús, fueron comprendiendo igualmente que la adoración involucra no sólo algo que uno hace en un momento y lugar determinados, sino también todo lo que uno es. La oración vino a ser para ellos la expresión de una relación de cariño, no una tarea que tenían que hacer; un gozoso acto de amor, no una obligación incómoda; un llegar a la presencia de Dios para experimentar su amor indescriptible y recibir todo lo que el Padre, el Hijo y el Espíritu Santo quieren dar a sus hijos.

Pero no fue fácil aprender esta lección. Hubo ocasiones en que la confianza en el Señor tenía que estirarse hasta el extremo, casi hasta romperse. Cualquier señal de empeoramiento en la salud desencadenaba en Miguel

una reacción interminable de temores e ideas angustiosas. El espectro de una muerte lenta y tormentosa se le presentaba como una gran nube que le ensombrecía el corazón y los pensamientos. El acordarse de la discordia que se había producido entre él y su hermano le causaba dolor y un sentido de impotencia que a veces casi no podía controlar. Además, poco a poco fue llegando a una situación en la cual tenía que dejarse atender por Nancy de una manera bastante más amplia y frecuente que antes, y el hecho de no poder valerse por sí mismo le hería el orgullo. Nancy, a su vez, sentía muchas veces que ella sola tenía que llevar la carga de los dos, y esto le aumentaba el cansancio y la frustración.

Ejercer la autoridad del Nombre de Jesús. En tales circunstancias, los dos tenían que aprender a ejercer la autoridad del nombre de Jesús para rechazar los embates del miedo y la irritación. Para ello, invocaban el nombre del Señor, incluso pronunciando el nombre de Jesús en voz alta, y confiando con toda su fe en la promesa de

Cristo de que Él estaba siempre con ellos para confortarlos, darles fuerzas y guiarlos en sus acciones. Con el tiempo, las cosas empezaron a cambiar.

Durante años, Miguel se despertaba frecuentemente a media noche sintiéndose angustiado, preocupado por algún problema que no se había resuelto o algo que faltaba por hacer, o incluso con el presentimiento de una terrible catástrofe. Sin embargo, cuando persistió en invocar el nombre de Jesús, descubrió que al despertar de noche, lo primero que se le venía a la mente era un cántico de alabanza. En el día también se daba cuenta de que muchas veces iba silbando o entonando himnos de adoración al Señor, y eso naturalmente le hacía elevar el pensamiento hacia Dios y le llenaba el corazón de alegría.

Nancy también ve que su vida ha empezado a cambiar. A medida que ha ido comprendiendo mejor la compasión con que Dios la trata, se ha sentido motivada a ser más comprensiva con los demás, incluso con personas que siempre le había costado aceptar. Ha descubierto que es capaz de ayudar a Miguel en sus días más difíciles y considera que los dos se han unido más que nunca en sus 38 años de matrimonio. Tanto Miguel como Nancy reconocen que nada de esto habría pasado si no hubieran aprendido a confiar en el poder del nombre de Jesús. Así es como, al igual que los discípulos, están comenzando a experimentar un gozo que nadie jamás pordrá quitarles (Juan 16,22).

¿Es limitado el poder de Dios? Lo que Miguel y Nancy han experimentado tiene un gran valor para ellos. Es una profunda obra de sanación y renovación que sólo pueden atribuir al amor y la misericordia de Dios. El hecho de saber que la sangre de Jesús tiene un poder purificador que es capaz de librarlos de todo sentido de culpa, les ha hecho confiar que pueden conocer una nueva dimensión del amor del Señor. Por el poder de la cruz, sus hábitos de pecado, que habían permanecido arraigados durante años, han empezado a desprenderse, y la realidad de la presencia de Cristo en su corazón ha adquirido una nueva fuerza en su espíritu. Por el nombre de Jesús, han visto que tienen más tranqui-

lidad y confianza para enfrentar los desafíos y las dificultades de la vida, que en épocas pasadas los habrían aplastado y destruido.

No, ¡el poder de Dios es absolutamente ilimitado y el Señor salva a quien quiera acogerse a su protección! Como lo decía San Pablo: "Si Dios no nos negó ni a su propio Hijo, sino que lo entregó a la muerte por todos nosotros, ¿cómo no habrá de darnos también, junto con su Hijo, todas las cosas?" (Romanos 8,32). En la sangre, la cruz y el nombre de Jesús, Dios nos ha dado sin duda alguna "todas las cosas". Nuestra redención del pecado, el don del Espíritu Santo, la Iglesia y los Sacramentos, y la promesa de la vida eterna en la presencia de Dios son cosas que fluyen de estas verdades. En esto se ve claramente que el Señor no ha abandonado a su pueblo, sino que, por el contrario, está esperando que nos acerquemos a Él para recibir todos los dones y gracias que siempre quiere prodigar a sus hijos. Con fe y esperanza, acerquémonos a su lado y recibamos humildemente la herencia que tiene reservada para sus escogidos, los hijos e hijas que Él ama con todo su corazón.

Cristo vive en mí

Tal como sucede con la sangre de Jesús, el poder de la cruz de Cristo está al alcance de todo creyente por medio de la fe, pero no es un poder que pueda invocarse como una fórmula mágica para que desaparezcan los problemas de la vida. Para experimentarlo se necesita la firme voluntad de reafirmar, en el corazón y la mente, nuestra fe en la verdad de que por el bautismo estamos unidos a la muerte y la resurrección de Jesús. Cuando las circunstancias nos tientan a reaccionar con irritación o inseguridad, podemos acordarnos de San Pablo y declarar con él: "He sido crucificado y ya no soy yo quien vive, sino que es Cristo quien vive en mí" (Gálatas 2,20). Esta espléndida verdad nos recuerda no sólo que ya hemos sido librados del poder del pecado, sino también que la amorosa presencia de Cristo permanece en nuestro interior. Esto es algo que nos comunica fortaleza para resistir cualquier tentación y experimentar finalmente la victoria de la resurrección de Jesús. Tal vez no nos sintamos particularmente libres en el preciso momento en que invocamos el poder de la cruz, pero por la fe podemos tener la absoluta confianza de que Dios siempre escucha las oraciones de sus hijos y los libra según su plan perfecto (Lucas 18,7-8).

Invocación de la Cruz de Cristo. A continuación citamos varios títulos que se le dan a la cruz de Cristo en la tradicional Letanía de la Santa Cruz. Utilice algunos de estos títulos en su oración personal y pídale al Señor que le abra los ojos del corazón para que aprecie mejor los tesoros y promesas que se nos han dado gracias a esta hermosa señal de nuestra salvación.

Santa Cruz, esperanza del cristiano, sálvanos.

Santa Cruz, promesa de resurrección de los muertos, sálvanos.

Santa Cruz, sendero de los extraviados, sálvanos.

Santa Cruz, consuelo del pobre, sálvanos.

Santa Cruz, moderación del poderoso, sálvanos.

Santa Cruz, refugio del pecador, sálvanos.

Santa Cruz, trofeo de la victoria sobre el Infierno, sálvanos.

Santa Cruz, socorro del afligido, sálvanos.

Santa Cruz, anunciada por los profetas, sálvanos.

Santa Cruz, predicada por los apóstoles, sálvanos.

Invocación de la Sangre de Cristo. Mucho se ha dicho y escrito acerca del poder que tiene la Sangre de Cristo para librarnos de la culpa, llevarnos a la presencia de Dios y consolarnos en tiempos de dificultad. Desde el comienzo de la Iglesia, los santos y teólogos han contemplado y exaltado esta gran verdad. Las invocaciones que insertamos a continuación están tomadas de la Letanía a la Preciosa Sangre, oración en la que se aprecian los tesoros de lo que la Iglesia ha meditado sobre este maravilloso don de Dios.

Sangre de Cristo, precio de nuestra Redención, sálvanos.

Sangre de Cristo, con que se perdona todo pecado, sálvanos.

Sangre de Cristo, bebida eucarística y refrigerio de las almas, sálvanos.

Sangre de Cristo, torrente de misericordia, sálvanos.

Sangre de Cristo, vencedora del demonio, sálvanos.

Sangre de Cristo, ayuda en el peligro, sálvanos.

Sangre de Cristo, descanso de los fatigados, sálvanos.

Sangre de Cristo, alivio en el dolor, sálvanos.

Sangre de Cristo, prenda de la vida eterna, sálvanos.

Sangre de Cristo, dignísima de toda gloria y honor, sálvanos.

La Palabra redentora. Las citas que aparecen a continuación contienen algunos de los pasajes más importantes de la Escritura y del Catecismo de la Iglesia Católica sobre el poder de la sangre, la cruz y el nombre de Jesús.

La Sangre

Escritura. Por tanto, hermanos, ahora podemos entrar sin ningún temor en el santuario por medio de la sangre de Jesucristo, siguiendo el camino nuevo, el camino de vida que Él nos abrió a través del velo, es decir, a través de su propio cuerpo. Jesús es nuestro gran sacerdote, que está al frente de la casa de Dios; por eso debemos acercarnos a Dios con corazón sincero y con una fe completamente segura, limpios nuestros corazones de mala conciencia y lavados nuestros cuerpos con agua pura. (Hebreos 10,19-22)

Catecismo. Juan Bautista . . . manifestó así que Jesús es a la vez el Siervo doliente que se deja llevar en silencio al matadero y carga con el pecado de las multitudes y el cordero pascual de la redención de Israel cuando celebró la primera pascua. Toda la vida de Cristo expresa su misión: "Servir y dar su vida en rescate por muchos." (CIC, 608)

El Nombre

El Nombre Escritura. Por eso Dios le dio el más alto honor y el más excelente de todos los nombres, para que al nombre de Jesús doblen la rodilla todos los que están en los cielos, y en la tierra, y debajo de la tierra, y todos reconozcan que Jesucristo es el Señor, para honra de Dios Padre. (Filipenses 2,9-11)

Catecismo. La Resurrección de Jesús glorifica el nombre de Dios Salvador porque, de ahora en adelante, el Nombre de Jesús es el que manifiesta en plenitud el poder soberano del "Nombre que está sobre todo nombre". Los espíritus malignos temen su Nombre y en su Nombre los discípulos de Jesús hacen milagros porque todo lo que piden al Padre en su Nombre, Él se lo concede. (CIC, 434)

La Cruz

Escritura. Sabemos que lo que antes éramos fue crucificado con Cristo, para que el poder de nuestra naturaleza pecadora quedara destruido y ya no siguiéramos siendo esclavos del pecado. (Romanos 6,6)

Porque Cristo mismo sufrió la muerte por nuestros pecados, una vez para siempre. Él era bueno, pero sufrió por los malos, para llevarlos a ustedes a Dios. Como hombre, murió; pero como ser espiritual que era, volvió a la vida. (1 Pedro 3,18)

Catecismo. La Cruz es el único sacrificio de Cristo, "único mediador entre Dios y los hombres". Pero, porque en su Persona divina encarnada "se ha unido en cierto modo con todo hombre", Él "ofrece a todos la posibilidad de que, en la forma de Dios sólo conocida, se asocien a este misterio pascual." (CIC, 618)